ACTE

D'ACCUSATION

CONTRE LES MINISTRES

Soult, Guizot, Duchâtel, Martin (du Nord), Duperré, Humann, Cunin-Gridaine, Teste, Villemain,

POUR

CRIME DE HAUTE TRAHISON ENVERS L'ÉTAT.

Respect aux Lois et au Roi.

CHARTE DE 1830.

ARTICLE 12.

La personne du Roi est inviolable et sacrée. Ses ministres sont responsables. Au Roi seul appartient la puissance exécutive.

DÉCEMBRE 1841.

La vérité et des preuves.

MESSIEURS,

En vertu des articles 45 et 12 de la *Charte,* je viens dénoncer à votre barre les ministres SOULT, GUIZOT, DUCHATEL, MAR-TIN (du Nord), DUPERRÉ, HUMANN, CUNIN-GRIDAINE, TESTE et VILLEMAIN, pour qu'ils soient traduits par vous, devant la chambre des PAIRS, conformément à ladite Charte, COMME COUPABLES DE TRAHISON ENVERS L'ÉTAT ET PUNIS COMME TELS.

PREMIER CHEF D'ACCUSATION.

Pour (au milieu de la tranquillité la plus profonde) avoir excité et provoqué la guerre civile en faisant répandre le sang des citoyens par des mains françaises (*La baïonnette du chasseur de Vincennes est encore teinte et fumante du sang de M. Chavardès, habitant de Toulouse*), sous prétexte d'opérer un recensement déclaré *illégal* dans son exécution et repoussé par l'immense majorité des *conseils municipaux* de France, celui de Paris en tête.

DÉLIBÉRATION DU CONSEIL MUNICIPAL DE PARIS, EN DATE DU 29 OCTOBRE 1841.

AINSI CONÇUE :

« A l'égard des opérations qui ont été ordonnées en 1841 pour le
» recensement de la matière imposable :

» CONSIDÉRANT que, malgré leur principe de légalité au fond, *ces*
» *opérations, quant à la forme, n'ont pas été exécutées d'après les*
» *règles qui avaient été suivies jusqu'alors;* qu'à la vérité *il paraît*
» résulter des explications fournies par M. le Ministre des finan-
» ces, dans sa circulaire du 9 août, *qu'elles ne devaient* servir qu'à
» rassembler les élémens de la matière imposable; mais que, dans
» ce cas même, leurs résultats n'en seraient pas moins susceptibles
» d'être *contestés, à raison des inexactitudes que pourrait pré-*
» *senter un travail fait exclusivement par les agens des contributions*
» *directes.*

» En ce qui concerne les vœux émis par le conseil dans ses déli-
» bérations des 28 octobre 1829 et 21 octobre 1840, relativement
» *aux patentes,*

» CONSIDÉRANT qu'il résulte, des explications demandées à ce sujet
» à M. le Préfet, que M. le Ministre des finances, par une circulaire
» du 1ᵉʳ septembre dernier, annonce que les contrôleurs devront pro-

» céder exactement, comme les années précédentes, pour l'imposi-
» tion au rôle de 1842 des patentables recensés ;

» CONSIDÉRANT en conséquence, qu'il y a *lieu de tenir la main* à
» ce que cette déclaration reçoive son entière exécution *au fond
» comme dans la forme;* qu'à cet effet, il importe que, dans les
» communes rurales comme à Paris, les états de recouvrement ou
» matrices des patentes, soient *conformément aux* LOIS *et règlemens*
» communiqués avant la confection des rôles, aux maires et sous-
» préfets, pour que ces fonctionnaires puissent fournir les observa-
» tions qu'ils sont appelés à présenter sur ce travail, et veiller à ce
» que, d'après les instructions de M. le Ministre des finances, on
» continue de suivre en 1842 les classes qui ont servi les années
» précédentes au classement des droits fixes et à l'évaluation des
» loyers ; qu'il est également indispensable qu'en cas de dissidence
» sur ces bases entre le *maire* et le *contrôleur,* comme en cas d'ir-
» régularité reconnue par le directeur des contributions directes,
» soit dans le classement des professions, soit dans la fixation des
» loyers, *le préfet continue de statuer définitivement en vertu des
» dispositions de l'instruction ministérielle du* 15 *vendémiaire an* IX,
» *formant le complément de l'arrêté du* 15 *fructidor an* VIII, *et qui
» n'a pas cessé d'être en vigueur jusqu'à ce jour,*

  » DÉLIBÈRE :

» Le conseil demande d'une *manière expresse :*

» 1° Que, conformément aux intentions manifestées par M. le Mi-
» nistre des finances dans sa circulaire du 1er septembre dernier,
» les états de recensement ou matrices de patentes de 1842, soient
» établis sur les mêmes bases que ceux de l'année précédente ;

» 2° Qu'en exécution de l'arrêté du 15 fructidor an VIII, ces états

» soient communiqués avant la confection des rôles, tant aux maires
» des communes rurales et aux sous-préfets, qu'au maire de chaque
» arrondissement municipal de Paris, pour être ensuite arrêtés par
» le préfet, qui statuera définitivement dans la forme prescrite par
» l'instruction ministérielle du 15 vendémiaire an ix. »

JUGEMENT RENDU PAR LE TRIBUNAL CORRECTIONNEL DE CHATELLERAULT.

RECENSEMENT.

« Attendu qu'il ressort de l'esprit comme de la lettre de l'article
» 209 du Code pénal que, pour qu'il y ait crime ou délit de ré-
» bellion, il faut que la résistance ait été opposée au fonctionnaire
» pendant qu'il exécutait un acte qui, par sa nature, rentrait dans
» l'exercice de ses fonctions ;
» Que de même, pour qu'il y ait outrage, aux termes de l'article
» 6 de la loi du 25 mars 1822, il faut que les propos injurieux aient
» été adressés au fonctionnaire, à raison d'un acte qui rentrait dans
» ses attributions...... .
» Qu'il suit que, pour pouvoir apprécier si la veuve Jourdain et
» la femme Cheveneau ont commis le délit qui leur est imputé, il
» faut rechercher si les sieurs Faulcon, Nallet et Deniau étaient dans
» l'exercice de leurs fonctions lorsqu'ils ont été insultés, et s'ils
» procédaient alors à un acte qui rentrait dans leurs attributions ;
» Attendu que MM. Faulcon, Nallet et Deniau procédaient au
» recensement des portes et fenêtres et à l'estimation de la valeur
» locative des habitations de la commune de Cernay, lorsque la
» veuve Jourdain et la femme Cheveneau ont tenu les propos qui
» leur sont reprochés ;
» Attendu que c'est maintenant une vérité que la polémique a

» rendue par trop évidente pour qu'elle ait besoin d'être de nouveau
» démontrée, et que d'ailleurs l'examen de la législation sur la
» matière ne permet pas de contester, qu'après comme avant la
» création de l'agence des contributions directes, le droit de recen-
» sement, le droit d'évaluer le revenu net des propriétés bâties ou
» non bâties ; le droit, en un mot, de déterminer l'assiette de l'im-
» pôt appartient, NON PAS AUX AGENS DU FISC, MAIS BIEN
» AUX CORPS MUNICIPAUX ET AUX COMMISSAIRES RÉPAR-
» TITEURS ADJOINTS ;

» Que, dans ces sortes d'opérations, l'agent du fisc n'a d'autre
» attribution que d'expédier le travail, qu'il n'est chargé que de la
» partie matérielle ; mais qu'aux corps municipaux, assistés des ré-
» partiteurs, appartient seuls le droit de décision, le droit d'ap-
» préciation ;

» Attendu que les lois de 1832 et de 1838 n'ont pas conféré d'au-
» tres droits aux agens de l'administration des contributions di-
» rectes ; que ces lois ont simplement arrêté en principe la nécessité
» d'une nouvelle répartition, mais qu'elles ne sont point occupées
» de régler le mode qui serait suivi pour rassembler les renseigne-
» mens indispensables à cette opération, parce que la législation sur
» la matière avait depuis cinquante ans fixé les droits de chacun à
» cet égard ;

» ATTENDU QU'IL RÉSULTE DE LA QUE LE SIEUR FAUL-
» CON, QUI NE TENAIT DE LA LOI QUE LE DROIT D'ÊTRE LE
» SCRIBE DE L'OPÉRATION DU RECENSEMENT, N'AGISSAIT
» POINT DANS L'EXERCICE DE SES FONCTIONS, NE SE LI-
» VRAIT PAS A UN ACTE QUI RENTRAT DANS SES ATTRIBU-
» TIONS, LORSQU'IL PROCÉDAIT SEUL AU RECENSEMENT ;

» Attendu que la délégation faite par le préfet au sieur Nallet, en
» vertu de l'article 15 de la loi du 18 juillet 1837, n'avait pu lui
» conférer plus de droits que n'en aurait eu le maire de Cernay lui-
» même ;

» Attendu que l'on a déjà dit que l'opération du recensement ne
» rentre point dans les attributions du maire seul, mais bien dans
» celles des corps municipaux, assistés des répartiteurs adjoints;

» Qu'ainsi, un maire qui procèderait seul au recensement, sans
» être accompagné des fonctionnaires qui doivent l'assister, commet-
» trait un excès de pouvoir, n'agirait pas dans le cercle de ses attri-
» butions;

» Attendu, quant au sieur Deniau, qu'aucune loi n'a conféré aux
» percepteurs le droit de prendre une part quelconque à l'opération
» du recensement;

» Qu'il suit de là que l'opération durant laquelle les sieurs Faul-
» con, Nallet et Deniau ont été insultés, ne rentrait pas dans leurs at-
» tributions; qu'ils n'agissaient pas dans l'exercice de leurs fonctions,
» puisqu'aucune loi ne leur a conféré le pouvoir qu'ils exerçaient dans
» ce moment;

» Que, par conséquent, l'article 6 de la loi du 25 mars 1822 est
» inapplicable à la cause;

» Mais, attendu que si ces propos ne constituent pas le délit d'ou-
» trage, ils n'en ont pas moins un caractère punissable...............

» Qu'ainsi l'on ne saurait voir, dans la réunion tumultueuse qui a
» eu lieu à Cernay, l'exercice du droit qui compète à chaque citoyen
» de résister en ce qui le concerne à la violation des droits qui lui sont
» garantis par la loi; que ces manifestations ne sont que l'abus punis-
» sable de ce droit;

» Attendu que celle à laquelle ont pris part la veuve Jourdain et
» la femme Chaveneau, a été injurieuse et de nature à troubler la
» tranquillité des habitans;

» Qu'elle constitue, par conséquent, une contravention à l'arti-
» cle 479 du Code pénal;

» Le tribunal déclare la veuve Jourdain et la femme Chaveneau
» coupables de tapage injurieux de nature à troubler la tranquillité des

» habitans, pour réparation de quoi les condamne chacune solidaire-
» ment et par corps en 11 francs d'amende et aux dépens. »

DEUXIÈME CHEF D'ACCUSATION.

Pour avoir lâchement signé le traité du 15 juillet, sans but et con-
trairement aux véritables intérêts de la France, rentrant ainsi, hon-
teusement, dans une nouvelle sainte-alliance qui leur a imposé
comme condition expresse le désarmement de notre armée de terre
et de notre flotte, condition aujourd'hui accomplie!... Quand la
Chambre des députés votait le 6 *décembre* 1841 une adresse au roi
dont le § 2 s'exprimait ainsi :

« SIRE,

» La France s'est vivement émue des événemens qui viennent de
» s'accomplir en Orient. Votre Majesté a dû armer. CES ARME-
» MENS SERONT MAINTENUS ; des crédits extraordinaires ont été
» ouverts pour y faire face ; nous en apprécierons l'emploi. LA
» FRANCE A L'ÉTAT DE PAIX ARMÉE, veillera au maintien
» de l'équilibre européen, *et ne souffrira pas qu'il y soit porté*
» *atteinte*. Elle le doit au rang qu'elle occupe parmi les nations, et
» le repos du monde n'y est pas moins intéressé que sa propre di-
» gnité. Si la défense de ses droits ou de son influence le demande,
» parlez, Sire, les Français se lèveront à votre voix. Le pays tout
» entier n'hésitera devant aucun sacrifice. Le concours national vous
» est assuré. »

DEVAIT-ON LE SIGNER ?

Après ces mémorables lignes burinées pour l'honneur du pays par l'amiral Lalande,

IL ÉCRIVAIT :

« La guerre est dans tout ce qui m'entoure ; elle est à fond de
» cale, dans les entrepôts, dans les batteries, dans les mâts, dans
» les vergues, dans les voiles ; les équipages, depuis le simple
» mousse jusqu'à l'officier investi du commandement, prévoient un
» conflit, *le désirent, l'appellent de tous leurs vœux.* Dans les parages
» d'Aboukir, au milieu des flots, témoins d'un de nos désastres, les
» deux escadres ne resteront pas en présence pendant vingt-quatre
» heures sans en venir aux mains ; la discipline serait là impuis-
» sante : *les canons français partiront d'eux-mêmes ! ! !* »

Comment répondit le ministère à cette communication , M. GUI-
ZOT ÉTANT AMBASSADEUR DE FRANCE A LONDRES? Par un
ordre immédiat de retour ! Nos marins, la rougeur au front, le
cœur flétri, le désespoir dans l'âme, quittèrent les mers de l'Asie
et vinrent jeter l'ancre dans la rade d'Hyères.

DEVAIT-ON LE SIGNER ?

Après ces humilians documens diplomatiques déposés pour la
honte de la France sur le bureau de la chambre des communes (*en
Angleterre*) !

DOCUMENS DIPLOMATIQUES.

« Affaires Étrangères, 22 juillet 1840.

» *Le vicomte Palmerston à M. Bulwer.*

» MONSIEUR,

» Vendredi dernier (le 17 juillet) j'ai vu et remis à M. Guizot
» le mémorandum que vous avez reçu dans ma dernière dépêche.
» Je lui ai exprimé, en outre, le profond regret que le gouverne-
» ment de S. M. éprouvait d'être obligé de se séparer de la *France,*
» relativement aux affaires d'Orient, et j'ajoutai que cette sépa-
» ration, qui du reste serait courte, n'altèrerait pas, je l'espérais,
» la bonne intelligence qui régnait entre les deux pays.

» J'ai eu, depuis, une nouvelle conversation avec M. *Guizot,* et
» je vais, pour votre instruction, vous faire le résumé de ces deux
» entrevues.

» M. Guizot me dit qu'il allait faire partir le samedi, le mémo-
» randum en question, et qu'il différerait sa réponse jusqu'à ce qu'il
» eût reçu de son gouvernement les instructions nécessaires. Néan-
» moins il y avait, disait-il, dans ce mémorandum, trois passages
» sur lesquels il désirait faire quelques remarques, attendu qu'il
» n'admettait par les assertions qu'ils contenaient:

» Le premier passage était celui où il est dit que le plan soumis il
» y a quelque temps à la France pour réconcilier Méhémet-Ali et le
» sultan, avait été suggéré par les idées de l'ambassadeur français à
» Londres. M. Guizot me fit observer que si ce passage avait pour
» but d'impliquer que le comte Sébastiani ayant proposé le plan au-

» quel on faisait allusion avec l'autorisation du gouvernement fran-
» çais, ce même gouvernement agissait d'une manière inconséquente
» en proposant un plan à une époque, puis en le rejetant un peu plus
» tard, il était de son devoir de contester l'exactitude de cette impu-
» tation. Le comte Sébastiani, disait-il, avait proposé ce plan de
» lui-même, sans y être autorisé par le cabinet français, et la preuve
» c'est qu'il n'en existait *pas de trace* dans les archives de l'ambassade
» française.

» Je montrai alors à M. Guizot la dépêche que je vous avais en-
» voyée en septembre dernier, pour lui prouver que ce plan avait
» été mis en avant d'une manière plus formelle que ne l'eût été
» un plan perdu, proposé personnellement par le comte, d'autant
» plus que ce dernier m'avait fait comprendre que si le gouverne-
» ment britannique accédait à cet arrangement, la France concourrait
» aux mesures coërcitives à employer pour en assurer l'exécution. Je
» fis voir à M. Guizot que j'avais fait remarquer alors combien la
» France agissait inconséquemment en consentant à employer des
» mesures coërcitives pour assurer l'exécution d'une chose à moitié
» faite, tandis qu'elle s'y refusait pour amener à bien un plan arrêté.
» Le comte Sébastiani m'avait répondu que si le cabinet français
» pouvait démontrer aux Chambres et à la nation, qu'il avait obtenu,
» pour Méhémet Ali, les conditions les plus avantageuses, il pour-
» rait justifier sa participation aux mesures coërcitives employées
» contre le pacha pour le forcer à les accepter.

» Je lui dis encore que le comte Sébastiani m'avait plus d'une
» fois, dans les derniers temps, pressé sur ce point, ainsi que les
» barons Brunow et Neuman, qui n'arrivèrent guères à Londres que
» sur la fin de décembre.

» J'ai dit à M. Guizot qu'il était impossible de séparer, ainsi qu'il
» le faisait dans son raisonnement, le caractère individuel du ca-
» ractère public chez un ambassadeur, surtout lorsque cet ambassa-
» deur conversait avec un secrétaire d'État, dans une entrevue offi-

» cielle , sur des dépêches que cet ambassadeur venait de recevoir
» de sa cour. J'ajoutai qu'il était bien connu que le comte Sébastiani
» était en communication directe et confidentielle avec le roi des
» Français , et que lors même qu'il n'y aurait aucune trace de ce plan
» dans les archives publiques de l'ambassade française, ce ne serait
» pas une preuve concluante que le comte eût parlé sans autori-
» sation.

» Le second passage était celui où il est dit que, *pour certaines con-*
» *sidérations de sa politique particulière,* il est impossible que le gou-
» vernement français concourt aux mesures coërcitives à employer
» contre Méhémet-Ali.

» M. Guizot me fit observer que le mot *impossible* était trop fort,
» *qu'il ne s'en était jamais servi ,* et qu'il ne pensait pas que le gou-
» vernement français eût pu jamais le faire. *La France avait pu pré-*
» *férer ne pas prendre part aux mesures à employer pour chasser Mé-*
» *hémet-Ali de la Syrie, mais il était aussi des circonstances et des cas*
» *où elle avait déclaré qu'elle était prête à employer la force contre lui.*
» Ainsi, me dit-il, n'avons-nous pas toujours été prêts à nous join-
» dre aux autres puissances pour défendre Constantinople , et em-
» pêcher Méhémet-Ali de franchir le Taurus?

» Le troisième paragraphe est celui où il est dit : *Que la France*
» *a déclaré ne vouloir s'opposer en aucun cas aux mesures que les qua-*
» *tre puissances jugeraient à propos de prendre pour l'exécution du plan*
» *qu'elles considéraient comme devant assurer à l'avenir la tranquillité de*
» *l'Orient.* M. Guizot me dit que cette assurance était beaucoup trop
» générale, et que le cabinet français ne l'avait jamais donnée. Que
» bien au contraire, si, en dehors des mesures prises par les quatre
» puissances , il survenait des événemens qui changeassent essen-
» tiellement la force relative des puissances européennes , si par
» exemple *une armée russe entrait en Asie-Mineure et l'occupait long-*
» *temps,* dans ce cas la France se regardait libre d'agir comme l'exi-
» gerait son intérêt ou sa dignité.

» Je lui répondis que cela était parfaitement entendu et que le
» passage du mémorandum qu'il me signalait n'avoir rapport qu'aux
» mesures coërcitives qui avaient été si souvent discutées entre les
» cinq puissances, et dont le but était d'amener le pacha à accepter
» les offres raisonnables que lui faisait le sultan, et d'assurer ainsi
» l'intégrité et l'indépendance de l'Empire turc.

» Puis, je fis remarquer de nouveau à M. Guizot combien il serait
» à désirer que la France employât son influence auprès du pacha
» pour le déterminer à accepter les offres généreuses qu'on lui fai-
» sait.

» M. Guizot, calculant alors qu'il s'écoulerait aux moins quinze
» jours avant qu'on pût avoir réponse sur les propositions que le
» sultan offrait à Méhémet-Ali, me demanda si l'on différerait jus-
» que là les mesures coërcitives, ou si on les mettrait plus tôt à
» exécution.

» Je lui répondis que, vu l'état présent de la Syrie, les quatre
» puissances ne pouvaient attendre la réponse de Méhémet-Ali. La
» majeure partie des sujets syriens du sultan s'étant révoltés contre
» le pacha, on ne pouvait laisser ces malheureuses tribus à la merci
» des troupes d'Ibrahim ; en conséquence, on allait les secourir,
» et le gouvernement français ne devait pas être surpris si l'on cou-
» pait les communications par mer entre la Syrie et l'Égypte.

» M. Guizot me parut ne pas s'attendre à cette nouvelle, bien
» qu'ayant su, quelques jours auparavant, que les plénipotentiaires
» des quatre puissances avaient conféré secrètement avec celui de la
» *Porte*. Il eut vent qu'il se faisait quelqu'arrangement entre eux. Il
» me dit néanmoins qu'un tel procédé de la part des quatre puis-
» sances obligerait la France à avoir des forces, et des forces impo-
» santes dans le *Levant*.

» Je lui répondis que le gouvernement français était seul juge
» dans cette matière : *Mais je lui fis entrevoir que j'espérais que la*
» *flotte française ne croiserait pas de manière à rendre une collision*

» *inévitable avec celle de sa Majesté Britannique.* **ON AURA SOIN**
» **D'Y PRENDRE GARDE,** me dit-il ; j'insistai alors, et je le
» priai de me faire espérer que les forces françaises NE SERAIENT
» PAS PLACÉES DE MANIÈRE A ENCOURAGER MÉHÉMET-ALI
» A LA RÉSISTANCE. M. Guizot m'assura également que le gouver-
» nement français n'avait nullement l'intention d'agir ainsi.

» M. Guizot finit en concluant que le gouvernement français et le
» gouvernement anglais différaient malheureusement totalement d'o-
» pinion sur ces questions, et que lorsque les opinions sur les résul-
» tats futurs étaient aussi peu conciliables, il n'y avait que les évé-
» nemens qui pouvaient décider qui avait tort.

» Que si les événemens prouvaient que nous avions raison, et si
» tout s'arrangeait comme nous l'espérions, le gouvernement fran-
» çais SE RÉJOUIRAIT de voir ses appréhensions mal fondées. Mais
» si au contraire les prévisions de la France étaient justes, et si les
» embarras et les dangers qu'elle entrevoyait venaient à surgir, au
» moins la responsabilité de cet état de choses ne pèserait pas sur
» elle. J'approuvai entièrement cette position respective.

» *Signé* PALMERSTON. »

Le lendemain de la signature du traité du 15 juillet, en dehors de
la France, lord Palmerston écrivait au consul général anglais à
Alexandrie :

« Vous traiterez le consul général de France comme l'agent d'un
» pouvoir qui, *pour des causes dépendantes de sa politique inté-*
» *rieure n'a pu se joindre aux quatre autres puissances* dans les ar-
» rangemens pris avec le sultan, *mais qui néanmoins entre dans*
» *leurs vues, et a formellement déclaré* qu'il ne s'opposerait nulle-
» ment à aucune des mesures qu'elles croiraient devoir adopter. »

IL ÉCRIVAIT ENCORE A LORD PONSONBY A CONSTANTI-
NOPLE :

« Je préviens votre excellence qu'il paraît, d'après le mémoran-
» dum qui m'a été communiqué hier par l'ambassadeur français , et
» dont je vous envoie copie, que, bien que le gouvernement français
» *se dise* profondément blessé du traité signé le 15 courant entre les
» quatre puissances et la Porte , sans que la France ait été préala-
» blement invitée à y participer , *le cabinet français ne manifeste pas*
» *l'intention de s'opposer à main armée aux mesures que les alliés*
» *ont résolu d'employer pour accomplir le traité. Il n'y a donc pas*
» *de vraisemblance que la bonne intelligence qui règne à présent entre*
» *les quatre puissances et la France, soit rompue par les opérations*
» *que lord sir Robert Stopford a reçu l'ordre de commencer.* »

M. BULWER , PREMIER SECRÉTAIRE DE L'AMBASSADE
ANGLAISE A PARIS, ÉCRIVAIT LE 27 JUILLET, QUINZE JOURS
APRÈS LE TRAITÉ DU 15 JUILLET :

Monsieur Bulwer à lord Palmerston.

« L'esprit public est d'autant plus agité dans la capitale , que *les*
» *faits sont mal connus.* Il paraît que l'on croit généralement que les
» quatre puissances ont signé contre la France un traité qui ferait
» revivre les cruels souvenirs de 1814 et 1815.
» Le gouvernement a formé mille projets pour prendre une atti-
» tude imposante ; on a même eu un instant l'idée (j'ai appris depuis
» qu'elle avait été abandonnée) de dresser et de promulguer une
» sorte de programme déclarant dans quelles circonstances la France
» aurait recours aux armes. Du reste, M. Thiers a parlé avec fer-
» meté, comme son devoir l'exigeait ; il a même dit plusieurs fois
» qu'il se retirerait, à moins qu'on ne fît ce qu'il désirait. Ses jour-

» naux ministériels ont pris également un ton décidé; ils deman-
» dent l'augmentation des armées de terre et de mer ; ils veulent
» qu'on rappelle l'amiral Lalande ou qu'il agisse. *Le Constitutionnel*
» d'aujourd'hui dit : *L'assistance de la France, dans aucun cas,*
» *ne peut manquer au vice-roi.*

» Il est possible que l'irritation qui existe soit due à la circon-
» stance et principalement à des suppositions erronées sur les faits
» accomplis. *Peut-être va-t-on tenter d'effrayer l'Autriche et l'Angle-*
» *terre.* En tout cas , on fait des armemens considérables ; *le cabinet*
» *y a consenti comme à un moyen dangereux, mais nécessaire, de* CON-
» SERVER LA PAIX *et de satisfaire le peuple* en le rassurant sur la
» dignité du pays et la sécurité de la France ; une chose certaine ,
» c'est que le gouvernement *qui s'est fourvoyé dans son précédent sys-*
» *tème de politique,* cherchera , en flattant la vanité de la nation, *à*
» *regagner le crédit qu'il a perdu.* Et comme le cabinet français
» pense que les quatre puissances n'ont été *amenées à prendre des*
» *mesures décisives que sur l'assurance* FRÉQUEMMENT *donnée que*
» *la France ne s'en mêlerait pas*, on tiendra probablement un autre
» langage et l'on *fera quelques menaces générales*, selon que le cours
» des événemens le permettra.

» Mon opinion sur l'état réel des choses, est : *que les armemens*
» *une fois faits , le gouvernement français demeurera tranquille spec-*
» *tateur des événemens ; il encouragera le pacha tant qu'il pourra,*
» *mais il ne l'assistera pas ouvertement.* Si le pacha ne se soumet pas
» à nos remontrances (et la France ne le lui conseillera pas), si
» nous échouons dans notre attaque en Syrie, alors le cabinet fran-
» çais reviendra sur ses pas, et nous offrira son assistance pour ter-
» miner la question d'Orient. »

Ainsi M. Bulwer avait vu juste ; la honte de la France a été com-
plète.

Aujourd'hui la Syrie est en feu ; des milliers de chrétiens ont été égorgés, les églises renversées, les vases sacrés profanés. Est-ce donc là le prix DE LA PAIX PARTOUT, DE LA PAIX TOUJOURS?

Lettre d'un officier anglais au Malta-Times (*journal*).

« A bord de *l'Hécate*, le 27 novembre 1841.

» Je me hâte de vous écrire ces quelques lignes, pour vous infor-
» mer que je suis parti de Beirouth samedi dernier, 20 du courant,
» dans la soirée, porteur de dépêches du colonel Rose, sur les af-
» faires de Syrie. Depuis le mois dernier, jusqu'au moment de no-
» *tre départ, les Druzes ont commis d'effroyables cruautés contre les*
» *chrétiens, les pourchassant dans toutes les directions, et brûlant un*
» *grand nombre de leurs villages au sud de Beirouth. Ils ont porté*
» *leurs ravages au nord jusqu'à Zahlé, et ils avaient l'intention de*
» *faire une descente sur cette place ; mais les troupes turques avaient*
» *pris position dans le voisinage, et c'est leur présence, sans doute,*
» *qui a empêché la destruction de cette ville,* etc., etc., etc. »

TROISIÈME CHEF D'ACCUSATION.

Pour n'avoir pas reconstitué, conformément à la loi, les *cinquante-trois gardes nationales de France* dissoutes depuis plusieurs années. Celle de Lyon a été seule rétablie, sans être réarmée. Comprend-on un soldat sans un mousquet, un officier sans une épée? N'est-ce pas une insulte à l'élite de la nation, qui a donné tant de gages de dévouement au maintien des lois et à l'autorité royale?

Qu'ont-ils fait de la garde nationale de Toulouse? qui a arrêté l'effusion du sang, soutenu les agens du pouvoir et ramené le repos dans cette importante cité! Ils l'ont ignominieusement licenciée! Cependant MM. Bascans, Samson et Gasc., officiers de cette milice citoyenne, ont sauvé et protégé les jours de M. Mahul, de M. Plougoulm! l'un préfet, l'autre procureur général; tous deux l'ont hautement proclamé.

Devaient-ils oublier l'article 66 de la Charte?

« LA PRÉSENTE CHARTE ET TOUS LES DROITS QU'ELLE
» CONSACRE DEMEURENT CONFIÉS AU PATRIOTISME ET AU
» COURAGE DES GARDES NATIONALES ET DE TOUS LES
» CITOYENS FRANÇAIS. »

Qu'ils répondent! Est-ce là la récompense d'un devoir courageusement accompli? Ont-ils donc perdu la mémoire de l'énorme faute commise par M. de Villèle?... Cet acte de colère personnelle a coûté un trône!!

QUATRIÈME CHEF D'ACCUSATION.

Pour attentat à la liberté individuelle des citoyens, quand elle a été consacrée par l'article 4 de la Charte, qui s'exprime ainsi :

« LEUR LIBERTÉ INDIVIDUELLE EST ÉGALEMENT GA-
» RANTIE, PERSONNE NE POUVANT ÊTRE POURSUIVI NI
» ARRÊTÉ QUE DANS LES CAS PRÉVUS PAR LA LOI. »

Cette liberté n'est plus respectée. Nous vivons sous un second régime de la *terreur*. Le moindre caprice suffit pour qu'un citoyen soit arrêté. Il demeure souvent quelques mois privé de sa liberté, sans connaître les motifs de son incarcération, sans même être interrogé.

L'erreur et la prévention tombent-elles ? les portes s'ouvrent ! !...
Quel dédommagement obtient-il pour sa famille à laquelle il a été
arraché, pour ses moyens d'existence compromis ? La misère et le
désespoir !... N'est-il donc pas temps de porter un prompt remède
à ces cruautés dignes des tyrans de *Pellicio*, *le prisonnier d'outre-*
tombe, l'héroïque victime de Metternich, premier ministre d'un
empereur d'Autriche, d'un successeur des *Césars ?*

CINQUIÈME CHEF D'ACCUSATION.

Pour dilapidation de la fortune publique. La France ne vient-elle
pas d'être témoin de la nouvelle proie scandaleusement jetée à ceux
que M. Dupin a stigmatisés d'une qualification à jamais consacrée :
LOUPS-CERVIERS !

Lorsque l'emprunt de 400 millions fut sanctionné par les chambres, les ministres déclarèrent : Que ce ne serait qu'avec la plus
grande réserve, et en cas d'urgence, qu'ils auraient recours à ce
moyen désastreux.

AVONS-NOUS LA GUERRE ? EN SOMMES-NOUS
    MENACÉS ?   NON.

L'ARMÉE EST-ELLE CONSERVÉE SUR LE PIED
    DE GUERRE ?   NON.

LES REVENUS PUBLICS SONT-ILS DIMINUÉS ?   NON.

Pourquoi donc ce pillage du produit de l'intelligence et de la
sueur du peuple français ?...

SIXIÈME CHEF D'ACCUSATION.

Pour attentat à la liberté de la presse (cause première de la ré-
volution de 1830), et l'intention avouée de la détruire. De nom-
breux procès sont déjà venu attester le respect que les ministres
actuels, qui lui doivent leur miraculeuse élévation, professent pour
elle ! Ne rendent-ils pas ses organes complices des plus horribles
assassinats ? Ne les accusent-ils pas, en leur suscitant des procès de
tendance, d'être les fauteurs de l'anarchie, quand leur déplorable
administration est la source d'une irréparable calamité pour notre
pays? Ne les traînent-ils pas de ville en ville, le carcan de fer au cou
et les chaînes aux mains, comme de vils scélérats ? Ne les offrent-ils
pas, aux regards des populations étonnées, comme des bêtes fé-
roces?... Cependant le roi des Français, que je respecte et que
j'honore, s'écriait, il y a dix ans :

« IL N'Y AURA PLUS DE PROCÈS DE PRESSE ! »

La Charte, cette loi à tous, proclamait :

Article 7. « LES FRANÇAIS ONT LE DROIT DE PUBLIER ET
» DE FAIRE IMPRIMER LEURS OPINIONS, EN SE CONFOR-
» MANT AUX LOIS.

» **LA CENSURE NE POURRA JAMAIS ÊTRE RÉTA-
» BLIE.** »

Ces six chefs d'accusation sont prévus par l'article 56 de la Charte
et par les articles 91, 109, 123 et 125 du Code pénal.

Le roi des Français a dit : « LA CHARTE SERA DÉSORMAIS
UNE VÉRITÉ. » Associez-vous enfin, Messieurs, à cette noble et
grande pensée. Que les ministres ne se fassent plus un jeu de leur
irresponsabilité devenue proverbiale. Que leur devise : LA LOI
CONTRE EUX, L'IMPUNITÉ POUR NOUS, s'efface. Que la loi

soit pour tous, contre tous. Onze ans de règne ont été déjà marqués par cinq attentats à la vie du souverain. AFFREUX PARRICIDES! Rappelez-vous 1830, rappelez-vous avec quelle joie le peuple Français accueillait alors le roi de son choix, et jetez maintenant un lugubre regard sur ce qui se passe de nos jours ! ! !

LES MAUVAIS MINISTRES TUENT LES BONS ROIS.

LE BRAS QUI FRAPPE EST UN FAIT MATÉRIEL. LA CAUSE EST LE VÉRITABLE MEURTRIER.

QUI A FRAPPÉ HENRI III? *Le parti monacal.*

QUI A FRAPPÉ HENRI IV? *Les fanatiques religionnaires.*

QUI A FRAPPÉ LOUIS XVI? *Un grand amiral de France! rugissant ces paroles de sang: « Uni-*
» quement occupé de mes devoirs,
» convaincu que ceux qui ont at-
» tenté ou attenteraient à la sou-
» veraineté du peuple, méritent
» la mort, je vote la mort!... »
La noblesse et le clergé, avares
d'un peu d'or, l'abandonnant!...
pour fuir précipitamment à l'é-
tranger.

QUI A FRAPPÉ LE DUC D'ENGHIEN? *Les émigrés armant le bras d'un*
prince français, D'UN CONDÉ, *contre son pays.*

QUI A FAIT COULER LE POI- | *La vieille noblesse, qu'il a cru pouvoir rallier à son trône; les hommes, qu'il a trop vite couverts d'or, de plaques et de titres! Il est resté seul avec la gloire, et la montre du bourreau Hudson-Lowe a marqué sa double immortalité.*
SON LENT DE L'ANGLE-TERRE DANS LES VEINES DE NAPOLÉON ?

QUI A FRAPPÉ LE DUC DE BERRY ? | *Le parti jésuitique.*

ENFIN, QUI A PRÉCIPITÉ DANS L'EXIL CHARLES X ? | *Ses ministres, qui n'ont pas su résister à sa volonté et le protéger contre le parjure envers son peuple.*

Agréez l'expression de mon profond respect.

SENÉPART,

Éligible du deuxième arrondissement de Paris, rue Saint-Honoré, 274; fils de l'ancien colonel de la 6ᵉ légion de la garde nationale de Paris.

Cet acte d'accusation a été déposé entre les mains du président de la Chambre le 22 décembre 1841.

Paris, le 23 décembre 1841.

IMPRIMERIE D'ÉD. PROUX ET Cᵉ., RUE NEUVE-DES-BONS-ENFANS, 3.